›LiteraTouren‹ nennt Wolfgang Geisthövel seine Entdeckungsfahrten ins Land der Dichter. Sie sind Resultat der dreifachen, oft vergnüglichen Anstrengung, sich reisend, lesend und schreibend Landschaften, Orten, Menschen zu nähern. Dank der Einbeziehung des Literarischen, der Spurensuche in Werk und Biographie der Dichter, besteht die Chance, das auf den Reisen Vorgefundene noch mit anderen Augen zu betrachten, oberflächliche Eindrücke zu vertiefen, touristisch verschlissenen Bildern neue Ansichten abzugewinnen. Der Leser, der sich Geisthövels Führung anvertraut, taucht ein in eine Welt von gleichsam kubistischer Mehrgesichtigkeit, zu deren Wahrnehmung der Autor, Fragmente seiner Erfahrungen und Reaktionen einschleusend, behutsam anleitet.

LiteraTouren

I

Wolfgang Geisthövel

# Hölderlins
# *Schwaben*

*Mit 21 Farbbildern*

Heliopolis

Fotos von Volker Katzmann
Vor- und Nachsatz: Namensritzung im Paradies der
Klosterkirche Maulbronn

Die Deutsche Bibliothek – CIP Einheitsaufnahme

*Geisthövel, Wolfgang:*
Hölderlins Schwaben / Wolfgang Geisthövel. –
Tübingen : Heliopolis, 1997
(LiteraTouren ; 1)
ISBN 3-87324-113-7
NE: GT

© 1997 by Heliopolis Verlag Ewald Katzmann, Tübingen
Redaktion: Wolfgang Broemser
Gedruckt auf säurefreiem, alterungsbeständigem Papier
Herstellung durch DaviData, Nehren
für Heliopolis Verlag Tübingen
1997
ISBN 3-87324-113-7

## Inhalt

*»Der liebe Geburtsort«*
Lauffen

Die Einladung zu einem Kongreß gab den Anstoß, nach Tübingen zu fahren.
Wird es nur eine Reise sein, um den Schäden, die
die Zuckerkrankheit am Nervensystem anrichtet,
genauer auf die Spur zu kommen? Oder auch
eine Reise auf schwäbischen Weinstraßen? Oder
eigentlich eine Reise auf den Spuren des »Ersten
Elegischen Dichters Deutschlands«?
Der Wein ist – um es ohne Umschweife zu sagen
– der Grund, warum wir zunächst Schwaigern
nahe Heilbronn ansteuern. Unser Ziel ist die
Schloßkellerei des Grafen Neipperg, dessen Weine so gut sind wie die Sprüche albern, die die Angebote der Weinliste begleiten. Vielleicht steckt
hinter der Plattheit aber auch Methode, nämlich
der Versuch, potentielle Käufer von vornherein
abzuschrecken, damit der Graf seine köstlichen
Lemberger und Rieslinge und Traminer alleine
schlotzen kann:

*Hätt' Adam einstens mich getroffen,*
*wär' er der Eva glatt entloffen.*

Wobei »mich« für den edlen Lemberger Kabinett
Neipperger Schloßberg steht. Nun ja, nicht alle
Schwaben können Dichter oder Denker sein, un-
geachtet des stolzen Schwabenworts von Eduard
Paulus:

*Der Schelling und der Hegel,*
*der Schiller und der Hauff,*
*das ist bei uns die Regel,*
*das fällt uns gar nicht auf.*

Allein, die Schloßkellerei hat schon zu um halbe
fünf, und der benachbarte, zum Schloß gehören-
de Gasthof, wo wir zum Nächtigen angemeldet
sind, ist vor sechs Uhr noch ohne gastronomi-
sches Angebot, anders als man es im Schwabenland gewöhnt ist.
So bleibt unerwartet Muße für die andere Spurensuche. Sie führt uns vorzeitig nach Lauffen am
Neckar, ins Halbdunkel unter der großen Buche
des ehemaligen Klosterhofgartens. Hier steht,
von Lichtsplittern übersät, das Denkmal, das an

den am 20. März 1770 in Lauffen geborenen
Johann Christian Friedrich Hölderlin erinnert.
Davor, altarähnlich, ein Steintisch. Die Stätte hat
etwas von einer Apside an sich, einem von ver-
wandeltem Licht erfüllten Chor. Gotische Dia-
phanie unterm Blätterdach.
Nicht weit entfernt vom Hölderlin-Denkmal, in
der etwas lauten Nordheimer Straße, stehen wir
vor einem Haus in angegrautem Ockergelb. Der
Schlußstein über der Haustür trägt die Jahreszahl
1750. In Köln wäre man nicht überrascht, aus einem solchen Gebäude – mit solider alter Bausub-
stanz, aber heruntergekommen, auch der Putz –
ein schwarzäugiges, Kölsch sprechendes Kind
mit einer von viel Stoff umhüllten, in einem frem-
den Idiom antwortenden Frau heraustreten zu
sehen. Doch dieses Haus hier heben zwei Tafeln,
akkurat symmetriewahrend auf zwei Fenster bezogen, aus einer Legion ähnlicher Häuser heraus.
Auf beiden der Name des Dichters. Hölderlins
Elternhaus. Hölderlins Wohnhaus. Gegenüber
zwischen Gemüsebeeten eine breitgesichtige ältere Frau, mit durchgedrückten Beinen Unkraut
zupfend. Sie erlaubt, freili, ein Foto von ihrem
Grundstück aus.

Versuch, von hinten an das Hölderlinhaus heran-
zukommen. Ein Baggerführer am Rande des
Weinbergs oberhalb des ehemaligen Klosterhofes
zeigt, die Fragen unserer Augen einfangend,
bevor der Mund sie formuliert, auf die Rückan-
sicht des Hauses, versäumt aber nicht, von seinem Hochsitz herab darauf hinzuweisen, es sei
nur ein Nebengebäude des ehemaligen Kloster-
amtshauses gewesen. Dieses wurde 1918 unter
dem Protest vieler Hölderlin-Verehrer abgerissen.
In ihm hatte der Vater des Dichters als Kloster-
verwalter gearbeitet; es galt bis in die jüngste Zeit
auch als Eltern- und Geburtshaus Hölderlins.
Erst seit kurzem weiß man, daß das Amtshaus
lediglich die Arbeitsstätte des Vaters war, die
Familie aber nebenan in der Nordheimer Straße 5
wohnte.
Lauffen lag bis 1803 ganz im Norden des Herzogtums Württemberg, an der

*... Grenze des Lands, wo mir den lieben Geburtsort*
*Und die Insel des Stroms blaues Gewässer umfließt.*
*Heilig ist mir der Ort, an beiden Ufern, der Fels auch,*
*Der mit Garten und Haus grün aus den Wellen sich*
*[hebt.*

So besingt Hölderlin in der Elegie ›Stuttgart‹ seinen Geburtsort. Einbruch von Biographie in das Kunstwerk – ein Graus für Ästhetik-Puristen! Aber unübersehbar sind einzelne topographische Angaben in diesem Gedicht der Lauffener Realität entliehen. Noch heute lassen sie sich nachvollziehen, steht man hinter dem frühgotischen Chor der Regiswindiskirche überm Fluß und sieht drüben auf der Nachtigallen-Insel im Neckar den Fels zwischen prangendem Grün und den Burgturm hinter den Dächern des Rathauses. Das alles hebt sich aus den Wellen und fällt in sie im Spiegel des Stroms.

Der Hexenturm in Schwaigern: »Kerker für die als Hexe angeklagte und 1713 zum Tode durch Verbrennen verurteilte Anna Maria Heinrich. Deshalb im Volksmund Hexenturm genannt.« Massives Mauerwerk mit wenigen kleinen Fensteröffnungen, darüber ein spitzer Turmhelm. Ein Bau von ähnlicher Gestalt wie der Turm Montaignes bei Bordeaux, in dem die unvergänglichen ›Essais‹ entstanden. In der Bibliothek dort sind auf den Balken der Holzdecke immer noch seine Wahlsprüche zu lesen, etwa: »Maß bewahren,

Grenzen einhalten, der Natur folgen«, oder:
»Staub und Asche, was überhebst du dich?«

Am Hexenturm berichtet die Tafel lakonisch von
»Hexe« und »Tod durch Verbrennen«. Gedanken-
los? Phantasielos? Folgte man der Natur, als man
Anna Maria Heinrich als Hexe verbrannte? Wie
durften sich Staub und Asche überheben, Menschen unter gräßlichen Qualen in Staub und
Asche zu verwandeln? Die Frage bleibt, ob man
heute noch Informationen mit so brisantem Inhalt
so unbeteiligt den Besuchern präsentieren darf.

In manchen Köpfen treiben offenbar immer noch
Frauen als »Hexen« ihr (Über-)Wesen, Frauen mit
Neid erregenden Fähigkeiten und Eigenschaften,
unter denen die sexuelle Ausstrahlung nicht die
geringste ist, Frauen mit Selbstbewußtsein, die
die ritualisierte Dummheit der Männerwelt
durchschauen, Frauen mit dem Mut, in tabui-
sierte Zonen auszubrechen. Und die Angst vor
solchen Wesen mag in manchen Köpfen immer
noch mit dem heißen Wunsch nach ihrer gründ-
lichen Bestrafung verkoppelt sein.

Den Schwaigernern wurde das mit dem Verbrennen später noch heimgezahlt. Der schöne alte
Stadtkern mit dem Rathaus brannte 1905 fast

vollständig nieder. Wurde »ein Raub der Flammen«, wie man bei solchen Anlässen zu sagen pflegt. Metaphorik, wo es um Balken und Dielen geht, um Mörtel, Dachziegel, Butzenscheiben. Für die Hexen bleibt nur der nüchterne Begriff »Verbrennen«, der das erleidende Subjekt hinter dem Brandgeschehen versteckt.

Aber der Zahn der Zeit nagt nicht nur an der Schönheit der noch erhaltenen Bauwerke, auch das Häßliche und Brutale läßt er verschwinden: Längst ist der Hexenturm, durch einen Bogen mit dem benachbarten Fachwerkhaus verbunden, nur noch romantische Kulisse. Zur Stadtkirche hinauf führt ein schmaler Weg, der ehemalige Wehrgang. Er ist eingefaßt von der Mauer des gräflichen Parks, von Blumenrabatten, liebevoll gepflegten Kleingärten mit Erdbeeren, die auf Stroh gebettet sind; überfangen von Arkaden, von kunstvollem alemannischem Fachwerk – man geht unter dem alten Wachthaus hindurch –, von blühenden Obstbäumen und der himmelhoch grünenden Pracht des Parks. Ein bezaubernder Weg. Und ein schönes Gefühl, wenn man aus dem Halb-, Drittel-, Achtelschatten dieses Weges auf den Platz vor der Kirche tritt und mit

offenen Händen in das warme, körperhafte Licht
der tiefstehenden Sonne greift. Unter Lindenbäu-
men. Mit Hölderlin unterm Arm.
Im »Alten Rentamt« werden wir noch gut bekö-
stigt und mit freundlichen Worten in den ersten
Stock zum Schlafen verabschiedet. »Sie sind heute abend die einzigen Hotelgäste. Sie können sich
ganz freizügig bewegen!«

## »Das fatale Nürtingen«

Doch, es gibt Ausnahmen! Ein junger Verkäufer in einem Geschäft auf der Marktstraße in Nürtingen weiß endlich, wo das Haus zu finden ist: gleich nebenan. Auf einer anthrazitfarbenen Tafel steht zu lesen, daß hier in der ehemaligen Herberge »Zum Oxen« von 1795 bis 1828 die Kammerrätin Johanna Christiane Gok, verwitwete Hölderlin, gewohnt hat.

Ansonsten hatten wir bis dahin wenig Glück mit unseren Fragen gehabt: Wo steht oder stand der »Schweizerhof«, Hölderlins neues Elternhaus in Nürtingen, nachdem seine Mutter 1774 zu ihrem zweiten Mann gezogen war? In der zentralen, den Burghügel der Stadt wie ein Mittelscheitel ordnenden Kirchgasse, von der beiderseits die Strähnen der Häuserzeilen sich absenken, fanden wir an einem Eckhaus einen Pfeil: »Zum Hölderlinhaus«. Wer diesen Hinweis ernst nimmt, gelangt zur Volkshochschule und gerät dort, wie wir, möglicherweise an eine freundliche, in steriles Hellblau gekleidete Putzfrau. Ihre Frage ließ uns einen Erinnerungssprung über sechs Jahre und 8000 Kilometer machen. Denn ihr »Kann I Ihne helfe?« klang wie das stereotype »Can I help you?«, das man allenthalben in den USA angeboten bekommt, etwa wenn man irgendwo zwischen Tucson und Phoenix im Staate Arizona auf dem menschenleeren Highway anhält, um blühende Kakteen zu fotografieren.

»Kann I Ihne helfe?« Nein, sie konnte leider nicht. Ein Friedrich Hölderlin war ihr – und da wurde die Stimme im stockenden Nachsprechen des Namens unsicher-hell – weder von der Person noch vom Namen her bekannt. Auch daß an der Stelle des Hauses, das sie säuberte, einmal der »Schweizerhof« stand (und seine Mauern wohl noch stehen), wußte sie nicht, obwohl doch gleich um die Ecke eine Tafel darauf hinweist. Auch wir sollten diese Tafel erst im zweiten Anlauf entdecken, nach eineinhalb Stunden lehrreichen und angenehmen Rund- und Irrgangs die Kirchgasse auf und ab, die Neckarsteige rauf und runter, die Marktstraße entlang, über den kleinen Schloßplatz am »Salemer Hof« vorbei.

*25 Marktplatz mit Brunnen und Haus »Zum Oxen«*

*26 Altstadt über dem Neckar*

*28 Lateinschule und Turm der Laurentiuskirche*

Die Putzfrau war nicht die einzige, die den
»Schweizerhof« nicht kannte; Männer, Frauen,
Schüler auf den Straßen, die wir fragten, wußten
es auch nicht. Läßt man es den Dichter noch
entgelten, daß er in einem Brief an seine Mutter
einmal vom »fatalen Nürtingen« sprach und ihr
empfahl, es ganz zu verlassen? »Von allen sind
Sie geliebt und verehrt, von andern Verhältnis-
sen, z. B. mit dem Nürtinger Volke, können Sie
sich befreien, wenn Sie nur wollen«.
Auf die Gefahr hin, von potentiellen Nürtinger
Lesern die – in diesem Falle hämisch intonierte –
Frage hingeworfen zu bekommen, die der Metz-
ger meiner Friedrichshafener Großmutter fast bei
jedem Einkauf stellte: »Derfs e bissele meh sei?«,
selbst auf diese Gefahr hin schreibe ich es nieder:
In einer Buchhandlung war die Unwissenheit
nicht geringer, die Scham darüber allerdings
sichtbar. Die junge Buchhändlerin ließ bei unseren Fragen einen Hauch Gesichtsröte erkennen.
Wo befindet sich die Lateinschule? In welcher
Straße liegt der »Schweizerhof«? Wo wohnte Hölderlins Mutter als verwitwete Kammerrätin Gok?
Immerhin entdeckten wir gemeinsam in einem
Bildband über Nürtingen den Marktplatz mit

dem Brunnen, den Hölderlin gekannt haben muß.

Nach einigen Fehlinformationen, die uns den vor der Buchhandlung liegenden Schillerplatz als Marktplatz ausgeben wollten, fanden wir endlich den kunstvollen alten Brunnen am Rathaus und – dank dem jungen Verkäufer – gleich gegenüber den »Oxen«, wo Hölderlins Mutter bis zu ihrem Tode wohnte. (Heute hätte sie einige schätzenswerte Vorteile in dieser Wohnlage: nicht nur ein Café im Haus, sondern auch Rechtsanwalt und Zahnarzt, wie die mit der Gedenktafel um die Aufmerksamkeit der Passanten buhlenden Praxisschilder belegen.)

Wir lösen auch das Rätsel um den ehemaligen »Schweizerhof«, den Hölderlins zweiter Vater Johann Christian Gok 1774, einige Monate vor der Eheschließung mit Hölderlins Mutter, gekauft hatte. Hier, an der Neckarsteige, verbrachte Hölderlin seine Jugend, bis er im Herbst 1784 in die Klosterschule Denkendorf einzog. Hier wohnte er 1795 noch einmal ein halbes Jahr. Die schwarze Gedenktafel an der Volkshochschule ist so unscheinbar, daß das suchende Auge zunächst an einer poppigen Limonaden-Dose hängenbleibt, die auf der Mauerecke vor dem Haus abgestellt ist. Zudem werde ich abgelenkt vom Schwatz zweier Hausfrauen mit Salzbrezeln in den Taschen, deren Geruch Bodensee-Erinnerungen aus Kindheitstagen in mir weckt.

Schließlich kommt auch die Nürtinger Lateinschule, die Hölderlin bis 1784 besuchte, in den Blick. Im Ausschnitt erst zwischen zwei Häuserreihen am Ende eines steil ansteigenden, mit Kopfsteinen gepflasterten Weges, dann mit breiter, gelber Front, der die Fensterläden und Dachziegel warmes rotbraunes Kolorit geben. Darüber ragt der Turm der Stadtkirche St. Laurentius empor; das Zifferblatt der Turmuhr leuchtet in einem tiefen Blau, als habe sich der Azur in ihm verdichtet.

Die Lateinschulen bildeten im Bildungswesen des Herzogtums Württemberg von der Zeit der Reformation bis zum Ende des deutschen Kaiserreiches die unterste Stufe eines speziellen Bildungswegs, der den begabtesten Landeskindern unabhängig von ihrer sozialen Herkunft offenstand. Es handelte sich um nichts weniger als den Versuch, eine »autochthone Elite zu züchten« (Walter Jens), und man darf sagen, daß dieser

Konzeption größter Erfolg beschieden war. The same procedure as every year: Nach mehreren Vorprüfungen mußten sich jeweils im Frühjahr die vierzehnjährigen Lateinschüler dem sogenannten Landexamen unterziehen. Wer es bestand, bekam eine Freistelle in einer niederen Klosterschule, zum Beispiel, wie im Falle Hölderlins, in Denkendorf. Die nächste bestandene Prüfung promovierte den Eleven in eine höhere Anstalt, etwa die Maulbronner Klosterschule, bis nach weiteren zwei Jahren mit dem Tübinger Evangelischen Stift Schwabens Allerheiligstes erreicht war. Am Ende des fünfjährigen Stiftsstudiums, das als Zwischenergebnis den Titel eines Magisters der Schönen Künste bescherte, wurde man normalerweise Vikar in kirchlichen Diensten; nur wenige widersetzten sich, wie Hölderlin oder Hegel, der Rekrutierung zur geistlichen Laufbahn.

Auch Eduard Mörike hat einige Monate in Nürtingen gewohnt, im selben Haus wie zuvor die Kammerrätin Gok. Er rühmte die Lateinschule als Erziehungsstätte des frühreifen Genies Friedrich Wilhelm Schelling. Kurze Zeit nach Hölderlin war Schelling hier für zwei Jahre Schüler; als

Student teilte er dann mit Hölderlin die Stube im Tübinger Stift. Drei Sterne am schwäbischen Dichter- und Denkerhimmel allein über Nürtingen. Schwäbische Provinz als Brutstätte des Geistes, die der Residenz Stuttgart ihren Hegel wohl gönnen mochte.

Bevor der Tübinger Turm seine zweite Lebenshälfte umschloß, blieb Nürtingen, »fatal« oder nicht, für Hölderlin Anlaufstelle, Rückzugs- und Ausweichquartier zwischen den vielen Ortswechseln.

Nürtingen mit dem Haus der Mutter – erst der »Schweizerhof«, dann, in den Jahren zwischen 1800 und 1804, der »Oxen« – war Refugium angesichts der bedrückenden Aussicht, nach der Abschlußprüfung im Juni 1793 als Vikar oder Pfarrverweser, möglicherweise an entlegenem Ort, eingesetzt zu werden. Es sei, so bekennt Hölderlin im August dieses Jahres in einem Brief an seinen Bruder, »nicht so arg, an den Fronkarren der löblichen Schreiberei gespannt zu sein, als an der Galeere der Theologie zu seufzen«.

Nürtingen war Refugium nach dem plötzlichen, so unmotiviert erscheinenden Aufbruch aus Jena. Refugium nach mehreren gescheiterten Versuchen, eine Brotprofession auszuüben, um über seiner eigentlichen Profession nicht darben zu müssen. »Es ist fast, als müßte man durchaus kein Glück teurer zahlen als das schriftstellerische, besonders der Dichter«, schreibt er im Dezember 1799 an seinen Freund Neuffer. »Ich gestehe Dir, daß ich nach und nach finde, wie es jetzt fast unmöglich ist, bloß von der Schriftstellerei zu leben, wenn man nicht gar zu dienstbar hierin sein, und sein Auskommen auf Kosten der Reputation finden will.« Als einzig möglicher bürgerlicher Beruf außerhalb der ungeliebten Theologie blieb nur die Tätigkeit als Hofmeister, sprich Hauslehrer, in irgendeiner großbürgerlichen Familie.

Nürtingen war auch Rückzugsort nach dem letzten Treffen mit seiner »Diotima« Susette Gontard auf dem Adlerflytschen Hofe bei Frankfurt am Main am 8. Mai 1800, vor dem Entschluß zu »Nebengeschäften« in Stuttgart, da er sich auf sein Hauptgeschäft, die »schriftstellerischen Arbeiten«, nicht allein verlassen konnte. Zur letzten Rückkehr traf Hölderlin – die Hofmeisterstelle im Hause des Konsuls Meyer in Bordeaux hatte er vorzeitig aufgegeben, Susette Gontard war am

22. Juni in Frankfurt gestorben – Anfang Juli 1802
in Nürtingen ein. Mit wenigen Unterbrechungen
wohnte er bis zum Juni 1804 im »Oxen«.

Aus dieser Zeit gibt es eine Reihe von Zeugnis-
sen über tiefgreifende körperliche und geistig-
seelische Veränderungen Hölderlins. Der Dichter
Friedrich Matthison, ein alter Freund, sieht ihn
Mitte 1802 in Stuttgart »leichenblaß, abgemagert,
von hohlem, wildem Auge, langem Haar und
Bart, und gekleidet wie ein Bettler«. Der Halb-
bruder Carl Gok entdeckt an ihm nach seiner
Rückkehr aus Bordeaux die »deutlichsten Spuren
seiner Geisteszerrüttung«. Den für die heutige
Hölderlinforschung so bedeutsamen Brief an den
Freund Böhlendorff vom November 1802 bewer-
tet der erste Kommentator, Gustav Schlesier, als
»Schreiben mit allen Zeichen der Geistesverwir-
rung«. Schelling berichtet in einem Brief an Hegel
vom 11. Juli 1803 aus Murrhardt, wo ihn Hölderlin besucht hatte: »Der traurigste Anblick, den ich
während meines hiesigen Aufenthalts gehabt habe, war der von Hölderlin. Seit einer Reise nach
Frankreich… ist er am Geist ganz zerrüttet«.

In dieser Zeit der – nach dem Urteil der Zeitge-
nossen – zunehmenden Zerrüttung entstanden

einzigartige Wortschöpfungen, etwa die ›Nacht-
gesänge‹ und die ›Vaterländischen Gesänge‹ als
letzte große Gedichtgruppen und die Sophokles-
Übersetzungen. Schöpfungen, die auszuloten
auch ein Martin Heidegger unternommen hat.
Dem Geheimnis der berühmten letzten Zeile des
Gedichts ›Andenken‹ – »Was bleibet aber, stiften
die Dichter« – näherte er sich mit der orakelnden
Interpretation: »Dichtung ist worthafte Stiftung
des Seins.« Damit nicht ganz einverstanden, er-
weiterte der Germanist Wolfgang Binder in
einem Vortrag im Tübinger Hölderlinturm dieses
Orakel mit dem die Zuhörer vermutlich überfor-
dernden Satz: »Nicht ist Dichtung worthafte Stiftung des Seins, sie ist Stiftung des Wortes aus
dem Grunde des Seins.«

## Heute eine Idylle
Denkendorf

Der Name des Ortes weckte bei uns bisher aus-
schließlich negative Assoziationen: Autobahn-
stau, Autobahnlärm, Autobahntankstellentoilet-
tentristesse... Daß es gleich hinter der Ausfahrt
ein Kleinod zu entdecken gibt, erfahren wir erst
Spuren suchend und sichtend. Es ist schon ein
wenig kurios, aber die in Tübingen zu verhan-
delnden, für die Betroffenen so unangenehmen
diabetischen Nervenschäden haben für uns den
angenehmen Nebeneffekt, daß wir unverhofft
diese Idylle kennenlernen.
»Es ist eine Idylle. Für Hölderlin war es keine«,
sagt Peter Härtling in seinem Hölderlin-Roman
apodiktisch. Mit dem ersten Satz hat er gewiß,
mit dem zweiten wahrscheinlich recht. Doch der
Tag hat für uns – weinprobierend in Stetten im
Remstal und, auf der anderen Seite des Kernen,
in der alten Reichsstadt Eßlingen – so leicht und
anregend begonnen und uns gegen Mittag eine

so entspannte Frühsommerlaune beschert, daß es nun schwerfällt, sich vor der Macht der Idylle in die Ohnmacht der geknebelten Klostereleven der Jahre um 1785 einzufühlen. Die bedrückende Botschaft des Härtlingschen Satzes erreicht uns jetzt nicht.

Dafür ist die lichtvolle Pracht der alten Kastanien und Buchen und der riesigen Platane vor der Kirche – die nicht mehr vorhandene Hölderlinsche Ulme, die »das alternde Hoftor umgrünt«, kann man sich leicht hinzudenken – zu groß. Dafür sind ihre dunklen Spiegelbilder im Teich des Klosterhofes, von ätherischen Blaus durchsetzt, zu schön; zu schön an der Grenze zwischen der Welt und ihrem Schein, dem einen wie dem anderen zugehörend, die Seerosen auf ihren kleinen grünen Inseln. Dafür ist im Fachwerk, in den Dachziegeln, in den Fensterläden des »Neuen Fruchtkastens«, im leicht gebräunten Gelb der Kirchenmauer zu viel Wärme. Und das Kreuzgärtlein, vom Kreuzgang mit edel geschnittenem Maßwerk umgeben und gerahmt von Rosenbeeten, deren Leuchten ein ganz irdisches ist und doch auch an das unirdische brausende Licht der Kathedralrosen erinnert, läßt als Ruhe-

platz zu viel angenehm-vegetatives Strömen zu.
Ganz zu schweigen von dem romanischen Kirch-
turm, der in seinem strahlenden Weiß, nach oben
hin immer leichter und luftiger werdend, un-
widerstehlich dazu einlädt, sich in blaue Höhen
zu verlieren.

Wenn man aber in der landeskirchlichen Fortbil-
dungsstätte, der ehemaligen Klosterschule, durch
Flure mit dem faden Geruch von Jugendherber-
gen und Internaten geht und vor Räumen stehen-
bleibt, die zu Hölderlins Zeit »Schlafräume der
Schüler« waren oder »Amtsstube des 1. Kloster-
präzeptors« und »Amtsstube des 2. Klosterprä-
zeptors«, dann kann man im Zauber der Gegen-
wart eine trübe Vergangenheit durchaus erahnen.
Nicht erst aus heutiger Sicht mutet das dichtma-
schige Netz von Strenge, Enge, Angst, Mief und
Körperfeindlichkeit, das vom damaligen Erziehungssystem mit den »Statuten der Alumnorum
in den vier besetzten Clöstern des Herzogtums
Württemberg« über die Schüler ausgeworfen
wurde, unerträglich an. Die anderen Klosterschu-
len waren in Maulbronn, Bebenhausen und Blau-
beuren eingerichtet – ein Ort so idyllisch wie der
andere.

In der Broschüre ›Denkendorf‹ heißt es von dem
während Hölderlins Schülerzeit amtierenden
Probst Johann Jakob Erbe, er habe »tiefe Eindrücke« von dem berühmten früheren Kloster-
präzeptor Johann Albrecht Bengel empfangen,
der sich vor allem mit seiner kritischen Exegese
des Neuen Testaments großes Ansehen erworben
hatte. Welche Eindrücke mögen das gewesen
sein? Bei Härtling schneidet der Probst jedenfalls
nicht gut ab: er müsse »ein Sadist gewesen sein,
durch und durch verdorben und korrupt«. Zeit-
genossen Hölderlins bewahrten an ihren Aufenthalt in der Klosterschule böse Erinnerungen. Von
ihm selbst sind keine Äußerungen bekannt. Doch
da gibt es ein Gedicht des Fünfzehnjährigen, ›Die
Nacht‹ überschrieben. Es ist inhaltlich der morali-
sierenden Konvention verpflichtet, greift sprach-
lich auf traditionelle Bilder zurück – Probst Erbe
wird die Sünderseite mancher Weltgerichtspor-
tale bemüht haben, um mit schwäbischer Drastik
die Strafen zu beschwören, die die Alumnos bei
Verstößen gegen die Statuten zu gewärtigen hatten. In der letzten Strophe jedoch scheint der
Lack der Konvention doch noch aufzubrechen
und ein Stückchen Autobiographie hervorzu-

kommen, in kunstvoll doppeldeutige oder immerhin doppelt deutbare Worte eingeschleust:

*So ruht er, allein des Lasters Sklaven*
*Quält des Gewissens bange Donnerstimm,*
*Und Todesangst wälzt sie auf ihren weichen Lagern,*
*Wo Wollust selber sich die Rute hält.*

## Kein Andenken an Maulbronn

»Und wann ich Dich aus Deinem Hause dem
Kreuzgang zu gehen sah – es ist mir noch alles so
lebendig – der schöne, majestätische Gang, das
liebevolle Auge nach mir heraufblickend – und
die Erwartung der seligen Stunde auf Deinem
Gesichte so ganz ausgedrückt« – verliebte Zeilen
des gerade aus Maulbronn in das Tübinger Stift
umgezogenen Hölderlin an Louise Nast, die
jüngste Tochter des Maulbronner Klosterverwal-
ters Johann Conrad Nast. Sie trat aus dem stattlichen Fachwerkhaus, schritt über den großen
Hof auf die langgestreckte Klosterfront zu, deren
Mauern mit lockenden romanischen und goti-
schen Öffnungen und wachehaltend-abwehren-
den Strebepfeilern den inneren Bezirk im Westen
beschließen. Als sie ihn oben am Fenster stehen
sah, warf sie rasch einen Blick in das Wasser des
Brunnens. Dann tauchte sie ein in das Halbdunkel der Gewölbe hinter der Klosterpforte.

Der Kreuzgang mit der Brunnenkapelle steht noch, ebenso Paradies und Kirche, Hexenturm und Fruchtkasten, Melkerstall und Haberkasten und auch das Haus der Klosterverwaltung, jenes fünfstöckige Fachwerkhaus, in dem Louise Nast – Hölderlins »Stella« – und ihre Familie wohnten. Es ist noch alles so in Maulbronn wie zu Friedrichs und Louisens Zeiten. Das ist schon lange her, aber nicht sehr lange, gemessen am Alter des Klosters. Der erste Spatenstich zu seinem Bau wurde 1147 getan, und alle Gebäude dieser in Deutschland einmaligen Anlage sind weit vor Hölderlins Maulbronner Zeit entstanden und nahezu unverändert erhalten.

Die alte marokkanische Königsstadt Fès bietet ihren Besuchern die berühmte »Route du Tour de Fès« an: eine Panorama-Rundfahrt um die Stadt. Auch den alten Klosterort Maulbronn kann der Besucher umrunden: ein von der Wegstrecke her zwar kleineres, aber ansonsten vergleichbares und nicht minder reizvolles Unternehmen! Die so gewonnenen Ansichten aus der Vogelperspektive lassen sich mit den Binnenansichten zum Bild eines wunderbaren kleinen Kosmos verbinden – eines Kosmos, dem gleichwohl Hölderlin wie auch später Hermann Hesse, kaum waren sie Seminaristen der Klosterschule geworden, zu entfliehen trachteten.

»Hier halt ichs nimmer aus! nein wahrlich! Ich muß fort«, schreibt Hölderlin an seinen besten Freund während der Maulbronner Zeit, Immanuel Nast. Und an seine Mutter nach der ersten größeren Reise, die ihm zum unvergeßlichen Rhein-Erlebnis geworden war: »Da wär ich nun wieder im Kloster. Es war mir noch nie so eng, ich möcht als gerne mein Kirche fürs Dom, meine Mauren für Paläste, meine Seen für den Rhein, und meinen dunkeln Schlafboden für fürstliche Alleen ansehen.«

Hermann Hesse war nach wenigen Monaten Klosterschule reif für das Irrenhaus. Nicht einfach dahingesagt! Ein knappes halbes Jahr nach seiner Ankunft in Maulbronn haut der vierzehnjährige Seminarist ab, wird am nächsten Tag von einem Landjäger eingefangen und zurückgebracht. Man nimmt ihn von der Schule; zwei Monate danach Selbstmordversuch und Einlieferung in die Nervenheilanstalt Stetten im Remstal, die es noch heute gibt.

Wo anfangen mit dem Rundgang? Dort, wo man

den schönsten Blick auf die Anlage vermutet? Oder von dort aus, wo Hesse in seiner Erzählung ›Unterm Rad‹ den Besucher den Klosterkomplex betreten läßt, nämlich »durch ein malerisch die hohe Mauer öffnendes Tor«? Oder entgegengesetzt am »Tiefen See«, einem der kleinen Seen, die Hölderlin gern gegen den Rhein eingetauscht hätte?

Ich entscheide mich für eine Stelle, die mir Gelegenheit gibt, einer seit langem gepflegten Leidenschaft zu frönen: dem Genuß des an den Anfang gesetzten Überblicks, dem dann die Reise ins Innere des begehrten Objektes folgt. Die Stelle ist ein Grasweg in den terrassierten Obstgärten des steilen Hanges nordwestlich vom Kloster. Hinter dem Grün der Bäume erhebt sich der große Hexenturm. Zum Anfassen und Sichfesthalten sehen seine braunvioletten Buckelquader aus. Beim Anschauen schon empfinde ich ein haptisches Vergnügen. Weiter rechts leuchtet die gelbe, fast fensterlose Seitenfront der ehemaligen Schmiede, vom Fachwerk rhythmisch gegliedert. Im Zentrum meines Panoramas thront der mächtige Fruchtkasten – ein treffender Name! –, während sich links die Gebäude des eigentlichen Kloster-

traktes zusammendrängen, markiert durch das
spitze, nadelschlanke Türmchen über der Vie-
rung der Kirche.

Auch mein Standort selbst bietet den Sinnen kleine Vergnügungen. Ein Weg, durch dessen Gras
und Klee und Kraut die Füße Spuren ziehen, da
alles so saftig wächst. Ein Mäuerchen aus Bunt-
sandstein als Stütze der bergseitigen Terrasse, auf
der in Fülle Obstbäume gedeihen. Freilich verbirgt sich dem genießenden Auge diese Funktion;
es will nur die Oberfläche und Gestalt des
geschichteten Mauerwerks sehen, das Labyrinth
der Fugen – Zufallsbiotop so vieler Pflanzen –,
die reizvolle Vielfalt der Tönungen und die Kör-
perlichkeit der Steine. Auch die verwitterten
braunen und schiefergrauen Latten einer Pforte
in der Klostermauer haben Anteil an diesen
sinnlichen Freuden. Sie führt zu einem kleinen
Fachwerkhaus, dessen Front in die Mauer einge-
lassen ist. Ein üppiger Weinstock reicht bis zum
Dach hinauf.

Die Graswege durch die Obstplantagen oberhalb
des Klosters – sie könnten Wege Hölderlins, Wege Louisens gewesen sein: »Auf meinen Spazier-
gängen reim ich allemal in meine Schreibtafel –

und was meinst Du? – an Dich! an Dich! Und dann lösch ichs wieder aus. Dies hatt ich eben getan, als ich vom Berg herab Dich kommen sah.« Obstgärten, eine Pforte, durch die man schlüpfen konnte, ein nur gelegentlich bewohntes Gartenhäuschen, hinter dem man Blicken aus dem Tal entzogen war – vermutlich nicht das reale, aber ein denkbares Szenarium für die heimlichen Treffen mit Louise Nast. Zweifel beschlichen Hölderlin allerdings schon bald nach Beginn der mehr als dreijährigen Beziehung:

*Du gute Stella! wähnest du mich beglückt,*
  *Wann ich im Tale still und verlassen, und*
    *Von dir vergessen wandle, wann in*
      *Flüchtigen Freuden dein Leben hinhüpft?*

*Schon oft, wenn meine Brüder, die Glückliche,*
  *So harmlos schliefen, blickt ich hinauf, und fragt*
    *Im Geiste, ob ich glücklich seie –*
      *Bin ich ein glücklicher Jüngling, Stella?*

Unterhalb der Obstterrassen liegt der Friedhof des Städtchens. Ein gepflegter Friedhof. Von zurückhaltend-gediegenem Geschmack auch zwei

Grabsteine mit Bronzetafeln. Auf der einen Tafel liest man:

> Hier ruhen Zwangsarbeiter russischer,
> polnischer und belgischer Nationalität,
> die gegen Ende des 2. Weltkrieges
> in Maulbronn und Umgebung verstorben
> oder infolge von Kampfhandlungen
> ihren Verletzungen im damals
> bestehenden Krankenhaus erlegen sind.
>                     Stadt Maulbronn

Auf der zweiten Tafel stehen untereinander Namen und Daten:

> Liszka Michael, Polen, 24.9.1915–18.9.1944
> Luziw Anna, Polen, 17.3.1921–30.1.1943
> Tkatsch Wasily, Rußland, 8.8.1918–28.3.1944
> Biech Jakob, Ruman., 23.5.1889–18.9.1943
> Besarab Ivan, Rußland, 7.4.1925–18.9.1943 …

Eine würdige kleine Gedenkstätte. Eine zynische kleine Gedenkstätte. Etikettenschwindel auf den Grabtafeln. Hier wird verschleiert, weil im Klartext nicht von »verstorben« als dem natürlichen

Lebensende die Rede sein würde. Hier wird verharmlost, weil es in Wirklichkeit sicher um elendes Abkratzen ging. Jede Frage danach, wodurch diese Zwangsarbeiter, überwiegend junge Menschen, zu Tode kamen, wird ausgeklammert. Falsche Zungenschläge, aus flötenden Mündern, mit bedauerndem Augenaufschlag. Dazu noch verfälschende Syntax: Die Zwangsarbeiter sind doch nicht infolge von Kampfhandlungen ihren Verletzungen, sondern ihren Verletzungen infolge von Kampfhandlungen erlegen!

Ein anderer Friedhof, südöstlich noch im Klosterbereich angelegt: der ehemalige Friedhof der Laienbrüder. Längst ist er in einen idyllischen Rasenplatz verwandelt; von seiner eigentlichen Bedeutung zeugen nur noch einzelne Grabsteine. Auch ihre Inschriften machen betroffen, jedoch auf eine andere Weise.

Da beklagt ein »tiefgebeugter Vater«, der Oberamtmann Jacob Friedrich Kuhn aus Welzheim, den frühen Tod seines Sohnes Carl Christoph Friedrich Kuhn, der im März 1789 als Alumnus in Maulbronn gestorben ist. (Hölderlin hat ein halbes Jahr zuvor Maulbronn verlassen und das Tübinger Stift bezogen.)

Seinem innigst geliebten
Innig liebenden Sohn.
Schön waren die Blüthen seines Geistes…
Wer ihn kannte liebte ihn.
Ach er war mein Stolz
War die Wonne meiner vergangenen
Sollte der Trost meiner künftigen Tage seyn.
Und er starb.

In der Lakonie des »Und er starb« nach der wort-
reichen Aufzählung seiner vorzüglichen Eigenschaften ist die Trauer um den Verstorbenen
komprimiert, das Geheimnis des Todes verdichtet. Nicht: »Aber er starb«, sondern: »Und er
starb«, als sei die herrliche Entwicklung des Sohnes unausweichlich auf das frühe Ende zugesteu-
ert. Ein silbriger, aber kurzer Faden.
An einer anderen Stelle dieser Grabinschrift heißt
es: »Kurz doch edel und viel lebt' er.« Das ist eine
dem heutigen Sprachgebrauch unvertraute Wen-
dung: »Viel leben«. Ist damit gemeint, was Mon-
taigne so faßt: »Die Nützlichkeit des Lebens ist
nicht in der Länge, sie ist im Gebrauch«?
Gegenüber von diesem Epitaph, das an der Langhausmauer der Klosterkirche seinen Platz fand,

erhebt sich unter einem Blätterdach ein Obelisk, das Grabmal Caroline Schellings. Sie starb am 7. September 1809 in Maulbronn. Caroline war die Tochter des Orientalisten Michaelis, Frau und Witwe des Bergarztes Böhmer, Geliebte des französischen Soldaten Crancé, verehrte ältere Freundin Friedrich von Schlegels, Frau August Wilhelm von Schlegels, dann Frau Friedrich Wilhelm Joseph von Schellings – die vielfältigen Anregungen durch diese Männer trafen auf den lebhaftklugen, schon in jungen Jahren zu kritischer Wahrnehmung bereiten Geist einer Frau, die gleichwohl das Leben und die Liebe als das Wichtigste ihrer Existenz ansah. Eine ungewöhnliche Persönlichkeit, bewundert, geliebt, gehaßt, verleumdet, geistvoll, schön und unkonventionell – nur ein wenig früher vielleicht noch eine Frau für Hexentürme. Welche Anziehungskraft ihre von tiefer Menschlichkeit durchwirkte »politisch-erotische Natur« (Friedrich Schlegel) besaß, wird vor allem daran deutlich, daß der jugendliche Held auf dem Professorenstuhle, der achtundzwanzigjährige Schelling, sich in die Vierzigjährige verliebte und sie nach der Scheidung von August Schlegel heiratete.

»Jedes liebende Wesen stehe mit Andacht hier, wo die Hülle schlummert, die einst das edelste Herz und den schönsten Geist umschloß.« So lautet die Inschrift, die Schelling auf den Grabstein gravieren ließ. Sieht man das Bild, das Johann Friedrich August Tischbein von ihr malte, besteht kein Zweifel: Die Hülle stand Herz und Geist nicht nach.

Auf hohem Steinsockel, weit über dem Alltagstrubel der Straße, ruht der gartenhausartige Aufbau des sogenannten Faustturms. In sicherem Abstand von der Kirche – direkte Nachbarschaft mochte weder dem Magus maximus Doktor Faustus noch seinem Gönner, dem Abt Johannes Entenfuß, opportun erschienen sein –, aber doch innerhalb der Klostermauern steht dieses hochromantische Gebäude aus vorromantischer Zeit. Als die rege Bautätigkeit des Johannes Entenfuß die klösterlichen Finanzen erschöpft hatte, sah sich der Abt auf andere Ressourcen angewiesen. Da waren die Goldmacherkünste des Doktors aus dem nahen Knittlingen dringend gefragt. Der gute Abt aber mußte sich bald nach einer anderen Beschäftigung umsehen – wegen Verschwendung wurde er 1518 abgesetzt.

Leider ist die faszinierende Vorstellung, dieser
prächtige Fachwerkaufbau über dem Mauerwerk
des Südostturms sei ein Alchimistenquartier in
luftiger Höhe gewesen, wo Sylphen dem Weisen
die Kunde zutrugen von der Zusammensetzung
des lapis philosophorum, irrig. Und sie bleibt es
auch trotz der lokalen Überlieferung, die schon
Justinus Kerner, Medicus und Inbegriff eines ro-
mantischen Dichters der »Schwäbischen Schule«,
im autobiographischen ›Bilderbuch aus meiner
Knabenzeit‹ kolportiert hat: »In einer Ecke des
Gartens, der hinter der Prälatur und den Kreuzgängen lag, war an die Klostermauer ein Turm
angebaut, den man den Faustturm nannte; denn
er diente einst dem berühmten Dr. Faust zum La-
boratorium und Aufenthaltsorte. Der Abt Johannes Entenfuß war ein besonderer Freund Fausts
und räumte ihm bei Besuchen diesen Turm zur
Wohnung ein; das war im Jahre 1516.«
Der Fachwerkaufbau stammt tatsächlich aus wesentlich späterer Zeit, so daß man das Labora-
torium des Dr. Faustus, in dem der unfromme
Schwarzkünstler dem frommen Abt aus Kuh-
scheiße Gold zu machen versprach, andernorts
suchen muß.

Im Osten kann man für die Tour de Maulbronn
die Straße nach Sternenfels benutzen. Man über-
quert die Salzach, läßt den Tiefen See rechts lie-
gen und kann auf einem herrlichen Fußweg die
ganze Nordseite der Klosterbefestigung auf und
ab promenieren. Mußte man sich eben noch vor
Autos in Sicherheit bringen, als man meinte, die
schönste Sicht auf den eleganten Dachreiter der
Kirche habe man von der Mitte der Straße aus, so
geht und verweilt man nun nach eigenem Rhyth-
mus. Knöpft sein Gesicht ein wenig zu vor den
strengen Steinfassaden von Küche, Herrenrefektorium und Laienrefektorium und knöpft es ein
paar Schritte weiter wieder auf vor den spiele-
risch-hellen Fachwerkfassaden von Gesindehaus
und Speisemeisterei. Oder betrachtet den Bilder-
zyklus zum Thema »Dach und Dachziegel« von
der Brücke zum Mühlturm aus, wo sich in schön-
ster Variationsvielfalt die hintereinander gestaf-
felten Dächer von Befestigungsmauer, Mühlturm,
Gesindehaus, Speisemeisterei, Klosterverwaltung
und Fruchtkasten mit ihrem Auf und Ab, ihren
unterschiedlichen Formen, ihren reich nuancier-
ten Farben darbieten.
Da Stille ein wesentliches Ingredienz dieser Pro-

menade ist, treten einzelne Geräusche und Töne
hier deutlicher hervor, als selbständige Wesen
gleichsam, losgelöst von ihren unsichtbar blei-
benden Quellen: leises Plätschern (eines Brunnens), metallenes Schnappen (einer Heckensche-
re), rauschende Schumannsche Arpeggien (eines
Klaviers), übermütige, dann ein wenig klagende
Töne (einer Flöte).
Das gibt es also noch, wie ehedem: »Ein guter
Freund bittet mich, ich möcht ihm eine buchsbäu-
mene Flöte, mit Horn garniert, beim Wohlhaupter
bestellen – Sind Sie so gütig und besorgen Sie es«,
schreibt Hölderlin aus Maulbronn an seine Mutter nach Nürtingen. In einem der ersten Briefe an
seinen Freund Immanuel Nast beklagt er sich:
»Meine Flöte wäre noch mein einziger Trost, aber
auch diese ist mir entleidet worden. Wann sich
Efferenn und Bilfinger etc. – bei einer Privatmu-
sik zusammen freuen wollen, so läßt man lieber
eine Lücke, als daß man den Hölderlin rufen sollte.« Dem Musizieren war in der Klosterschule immer ein besonderer Rang eingeräumt. Noch heute bildet Musik, neben Religion, einen Schwer-
punkt im Evangelisch-theologischen Seminar zu
Maulbronn.

Zwei Seminaristen lassen aus einem Arkadenfenster über dem romanischen Laienrefektorium
die Beine baumeln. Zwei Seminaristinnen gehen
unten vorbei. Androgyne Einheitstracht: Jeans.
Die Jungen üben sich ein wenig in scherzhaftem
Imponiergehabe, lassen sich weiter herunter vom
Fenstersims und kündigen an, auf den Hof sprin-
gen zu wollen. Die Mädchen, zunächst entschlos-
sen, den beiden keine Aufmerksamkeit zu schen-
ken, schrecken nun doch auf: »Die tun's echt!«
Die tun's fei net, und die Mädchen gehen weiter.
War dieses oder ein benachbartes Arkadenfenster
der Beobachtungsposten, den Hölderlin in seinem ersten Tübinger Brief an Louise Nast in Erin-
nerung rief? »Es ist mir so wohl, wann ich daran
denke, wie ich oft so gedultig, und doch so voll
der innigsten Sehnsucht an jenem Plätzgen war-
tete, bis ich die Teure am Fenster sah«. Ob er in
der hohen Tonlage dieser Briefe wohl auch mit
ihr redete? Oder färbte er dann das helle Linnen
des Hochdeutschen mit erdbraunen schwäbischen Tönen ein? Möglicherweise scheute er
schwäbische Drastik in seiner Umgangssprache,
anders als Kerner, dessen Vorliebe für die »rohe
Landesmundart« Varnhagen von Ense bezeugt.

(Hölderlin bevorzugte als Musikinstrumente Flöte und Klavier, während Kerner »sich die Maultrommel angeeignet« hatte, immerhin aber, laut Varnhagen, diesem »geringen und doch wunderlichen Instrument die zartesten und rührendsten Töne zu entlocken« wußte.)
Ich folge den Mädchen zum hinteren Klosterhof, wo sie im Großen Keller verschwinden. Jagdfieber! Spur aufgenommen! Spähend eine Wendeltreppe hinauf. Spur verloren. Interesse auch. Besser gesagt: Interesse verlagert. Ich stehe in einem Flur. An einer Wand eine zwei mal zwei Meter große Landkarte Württembergs mit verschiedenfarbigen kleinen Rechtecken, umsponnen von blauen Flußläufen, ganz unten im Süden eine blaue Farblache, das Schwäbische Meer. Es ist die Tabula Originum Alumnorum mit Markierungen für die Heimatorte der Seminaristen von 1980 bis 1985. Seminaristen kreuzen meinen Weg. Werfen sie mißtrauische Blicke auf den Eindringling? Wird ein Famulus gerufen, um mich aus dem Internat zu entfernen, ein Professor, gar der Ephorus, mich hinauszukomplimentieren? Ach was, man sagt freundlich Grüß Gott oder beachtet mich gar nicht.

69 *Brunnenkapelle im Kreuzgarten*
70 *Blick vom Höhenweg auf die Klosteranlage*
72 *Faustturm*

Blick in einen langen Korridor, von dem zahlreiche Türen abgehen – das in die Literatur ein-
gegangene ehemalige Dormitorium der Mönche.
»Das Dorment bildete einen weiten und langen
Platz oder Gang, auf dessen beiden Seiten viele
kleinere und größere Zimmer sich befanden«,
weiß Justinus Kerner zu berichten. »Die Zimmer
und Zellen standen auf den Kreuzgängen und
sahen teils in das Kreuzgärtchen, teils in den Garten der Prälatur und den Platz vor der Oberam-
tei.« Kerner mußte es genau wissen, verbrachte er
doch zwischen 1795 und 1799 fast vier Jahre in
Maulbronn. Sein Vater residierte als Oberamtmann im schönen Renaissance-Jagdschloß, in
dem auch die Familie wohnte. In seinem ›Bilderbuch‹ hat Kerner mit vielen humoristischen
Details diese Lebensphase beschrieben.
Hermann Hesse schildert in seiner Erzählung
›Unterm Rad‹ den Einzug einer neuen Promotion
von Schülern in Maulbronn und spricht dabei
auch von dem geschäftigen Treiben auf dem Dorment, wo Kisten und Körbe ausgepackt und die
Sachen eingeräumt werden: »Jeder hatte einen
numerierten Schrank und in den Arbeitszimmern
sein numeriertes Büchergestell zugewiesen be-

kommen.« Hölderlin hingegen erwähnt diesen
für die Seminaristen so zentralen Bereich des
»Schlafbodens« – nach Kerner waren »die Klo-
sterzöglinge... den Tag über in ihr Dorment ein-
geschlossen und durften es nur verlassen, gingen
sie in den Speisesaal oder abends auf Spaziergänge« – nur ganz knapp in zwei Briefen an seine
Mutter. Beides Klagebriefe: über das Essen, die
schlechte Versorgung mit Lebensmitteln, die bedrückende Enge. Überhaupt ist in seinen Briefen
aus Maulbronn – 23 sind erhalten, die meisten
gingen an den Freund Nast, den Vetter von Louise – vom Kloster, den Lehrern, den Seminaristen,
vom Ort Maulbronn, vom Alltagsleben und von
den Dingen, die sein Inneres nicht direkt berühr-
ten, nur am Rande die Rede. Obwohl er sich hier
doch auf den Eintritt in den kirchlichen Dienst
vorbereitete, war ihm diese alte Stätte der Chri-
stenheit, dieser ehrwürdige Hort der Gelehrsam-
keit und Kunst nichts anderes als ein Zwinger:
sein »Klosterkreuz«. Maulbronn, dieses einzigartige Kulturdenkmal in Deutschland: kein Thema
in den Briefen, keine Nennung in den Gedichten.
In ihnen erscheinen andere Lokalitäten wie der
Berg Teck, der Rhein und der Neckar, die Städte

Lauffen, Stuttgart, Tübingen, Heidelberg, Bordeaux in den Überschriften oder als Assoziationskern. Das, was Hölderlin bewegte, was Spuren hinterließ und Gestalt annahm in Briefen und Gedichten, lag jenseits der Klostermauern, lag jenseits auch von Mauern und Grenzen, die die Gesellschaft der Menschen und die Zeit ihm entgegenstellten. Auch sich selbst mußte er übersteigen, wie das Dilemma seiner Liebesbeziehung zu Louise Nast im Schatten seiner früh gefühlten Bestimmung zum Dichter zeigte.

Die Liebe zu Louise war ein wichtiger Impuls bei einer ganzen Reihe der Maulbronner Briefe und Gedichte; die Freundschaft mit ihrem Vetter ein anderes großes Thema, dem der Liebe mitunter eng verbunden. Die beiden hochgestimmten Briefe an Immanuel Nast, in denen er dem Freund seine Liebe zu Louise entdeckt, sind ein rasendes, atemknappes, sich geradezu überschlagendes Hinausschleudern von Sätzen, Satzteilen, Wörtern; Stakkato, Vorhalt, Pause; Malerei, die zwischen Palette und Leinwand den kürzesten Weg sucht, Spritzer ebenso wichtig nimmt wie Linien oder breite Farbbahnen: »– dann glaubt ich, Bruder, Gott liebe mich nicht! glaubte – er zürne der

Liebe!!! Jetzt weißt Dus – Bruder! aber weiter
schreib ich nimmer –«. Und etwas später im selben Brief: »– ich muß hier aufhören, ich komme
zu tief ins Beschreiben – und 's ist so ein elendes
Zeug ums Schreiben – man drückt sich nicht halb
so warm aus, als man gerne wollte –«. Vielleicht
deshalb auch das Tempo der Briefe, ihr expres-
siver Charakter, die Angst, die Glut könne sich
abkühlen, bevor die richtigen Worte gefunden
sind?

In dieser Tonlage sind die meisten Briefe an Immanuel Nast gehalten. Eine wesentlich ruhigere,
auf die Empfängerin abgestimmte Gangart haben
die Briefe an die Mutter, die den anderen Haupt-
teil der Maulbronner Korrespondenz ausmachen.
Man braucht nur die Interpunktion anzusehen,
um zwischen diesen beiden Empfängern unter-
scheiden zu können.

In vielen Briefen ist die Rede von Mißempfin-
dung, Verstimmung, Resignation, Leiden, wobei
gelegentlich ein gewisser Hang zu Larmoyanz,
wenn auch selbstironisch abgeschwächt, nicht zu
überhören ist. Nein, es waren wohl keine glück-
lichen Jahre in Maulbronn. Die längere Zeit ver-
heimlichte Liebe zu Louise; der schon früh in

Briefen und Gedichten sich aussprechende fundamentale Konflikt zwischen vorgezeichneter biedermeierlicher Familien- und Berufssphäre und hochfliegenden Dichterträumen, artikuliert etwa in dem Wunsch, am »weltumeilenden Flug der Großen« teilzunehmen; die Einzwängung in das harsche, vor der Obrigkeit dienernde Erziehungssystem bei schon früh aufkommender antifeudaler Gesinnung; dazu die hochgradige Empfindsamkeit Hölderlins, seine seit den Knabenjahren bestehende »wächserne Weichheit«, die dazu führt, daß er »in gewissen Launen ob allem weinen kann« – das alles waren Umstände, die einer glimpflich verlaufenden Entwicklung entgegenstanden.

Vom Dorment öffnet sich eine Tür auf eine romanische Treppe, über die die heutigen Seminaristen – nicht anders als früher die Mönche – das Querschiff der Kirche erreichen. Auf dieser Treppe eilte händeringend der Maulbronner Professor Mayer herbei, wenn sein Sohn Gottfried und der mit ihm befreundete Justinus Kerner, zehn- bis zwölfjährige Knaben, zum Schrecken älterer Besucher wieder einmal ihren zirzensischen Freuden unter dem Chorgewölbe frönten: An den

Glockenseilen, die vom Gewölbe herabhingen, schwangen sie, von Kameraden angestoßen, immer stärker hinauf und hinab, bis sie »zuletzt durch den ganzen Chor, ja! fast bis an das Gewölbe desselben, über all die Wunder da unten dahinflogen«. So erinnert sich Kerner noch Jahre später im ›Bilderbuch aus meiner Knabenzeit‹.

»All die Wunder da unten« – sie sind noch immer zu bestaunen, seit einigen Dezennien allerdings wieder im ungefärbten strengen Licht der zisterziensischen Anfänge und nicht mehr – wie zu Kerners Zeiten – bunt beleuchtet von den falsch restaurierten, »mit schönsten Glasgemälden erfüllten riesigen Fenstern des Chores«. Wer heute kräftige Farben sucht, muß die Mauer des romanischen Lettners passieren. Unter dem berühmten Steinkruzifix stehen drei Blumensträuße, in denen alle Farbigkeit gesammelt ist.

Ein paar Schritte sind es nur von der Kirche zum Brunnenhaus des Kreuzgangs, diesem einzig schönen Gebilde aus Stein, Bronze, Licht, Luft, Wasser, Schatten, Tönen. Stein ist hier nicht nur Stein, sondern auch Lichtpforte, auch Wasserträger; Licht nicht nur Licht, sondern auch funkelnder Wasserstrahl und Ornament in Stein und

Schatten; Wasser nicht nur Wasser, sondern Lichtfänger, murmelnder Rhapsode. Und doch war hier, ganz prosaisch, auch der Ort, an dem »die Mönche in heißer Sommerzeit ihre Weine kühlten«, so wiederum Justinus Kerner; »denn dieser Rotunde gegenüber lag das sogenannte Rebental, der sehr geräumige Gast- und Speisesaal der Mönche«: das besonders prachtvolle, vor Raumfülle strotzende Herrenrefektorium.

Als Hermann Hesse zweiundzwanzig Jahre nach seinem Desaster noch einmal das Kloster besuchte, reagierte er so, wie es sich für einen gereiften Dichter wohl gehört – gemäßigt lyrisch:

*Verzaubert in der Jugend grünem Tale*
*Steh ich am moosigen Säulenschaft gelehnt*
*Und horche, wie in seiner kühlen Schale*
*Der Brunnen klingend die Gewölbe dehnt.*

Hölderlin schweigt zu Brunnenkapelle, Kreuzgang, Kapitelsaal, Kirche, Herrenrefektorium, Paradies (wenn er auch dort, noch heute zu sehen, seinen Namen in die Wand geritzt hat). Seine Maulbronner Gedichte heißen ›An Stella‹, ›An die Nachtigall‹, heißen ›Mein Vorsatz‹ – wo er keineswegs vom mütterlicherseits erhofften Sich-Bescheiden spricht, sondern von »Pindars Flug« und »Klopstocksgröße« –, ›Die Unsterblichkeit der Seele‹, ›Der Lorbeer‹, ›Schwärmerei‹, ›Der Kampf der Leidenschaft‹, schließlich (das letzte der in das sogenannte Marbacher Quartheft aufgenommenen Gedichte) ›Am Tage der Freundschaftsfeier‹. In diesen Oden, Reimstrophen und freien Strophen finden sich keine Spuren der Klosterstätte, kein »Andenken« an sie – im Gegensatz etwa zu Bordeaux, auf das sich Hölderlin nach seinem Aufenthalt dort in der Hymne gleichen Namens bezieht. Diese Gedichte sprechen von einer anderen Welt als der, die der Geist von Maulbronn repräsentierte.

*Die Stadt des Turms*
Tübingen

Den Anstoß zur Fahrt ins Schwabenland gab die Jahrestagung der Deutschen Diabetes-Gesellschaft, ausgerichtet von der Medizinischen Universitätsklinik Tübingen in der Neuen Aula der Eberhard-Karls-Universität. Auf geheimnisvolle Weise werden wir bei der Einfahrt nach Tübingen nicht auf die Hauptstraße gewiesen, die uns zur Neuen Aula gebracht hätte, sondern auf ein Nebensträßchen südlich um den Österberg. So kommen wir an der Eberhardsbrücke heraus, dem Ort, der den entscheidenden Blick gewährt. Der Umweg hat uns direkt zum eigentlichen Ziel der Reise geführt! Als Hermes entpuppte sich ein studentischer Anhalter. Kurz vor Tübingen eingestiegen, empfahl er die Strecke, die ihn schnell zu seinem Elternhaus am Österberg und uns zum Hotel an der Eberhardsbrücke bringt.
Also: Noch bevor die Koffer ausgepackt sind, bevor das Programmheft befragt ist, wo genau

der Tagungsort liegt und wo das Kongreßbüro, in
dem das Mäppchen mit Notizblock und Stadt-
führer und die Teilnehmerkarte ausgegeben werden sowie die Karten für das Rahmenprogramm
mit der besonderen Attraktion einer Lesung
Martin Walsers im Uracher Schloß, stehen wir
schon dort, wo wir als Kongreßteilnehmer gar
nicht hingehören, aber sofort hingewollt haben:
vor dem berühmten Altstadtpanorama mit dem
Hölderlinturm als Fokus.

Das schöne Bild läßt für bedrückende Gedanken
wenig Platz. Prousts Asthmaanfälle auf der Rück-
reise von Balbec-Cabourg bei den Heuwiesen von
Mézidon ohne moderne Asthmamittel. Hölderlins Umnachtung ohne die Angebote der moder-
nen Psychiatrie. Oder wäre das so anrührende
Angebot des Schreinermeisters Zimmer, den
kranken Dichter in seinem Haus aufzunehmen,
vielleicht auch heute noch das beste Therapeuti-
kum?

Man kann sich leicht in dieses Bild verlieren,
ohne an das lange, ereignisarme Drama im Turm
zu denken. Über das Brückengeländer gelehnt,
tauche ich ein in einen Raum, der mit der Ver-
kehrshektik hinter mir keine Gemeinsamkeit hat.

Feine Oszillationen der Wasseroberfläche, er-
kennbar nur an changierenden Grünfarben. Wel-
lenfiguren aus Licht und Schatten. Lautlos sich
ausbreitende Ringe, wenn ein Ruder eintaucht.
Feiertäglich gemessene Bewegungen der Stocher-
kahnfahrer. Mächtige, sich über den Neckar vor-
bauchende Bäume legen dem olivfarbenen Wasser eigene blaugrüne Schatten auf. Dichtgedrängt
neben- und übereinander Häuser, die trotz ihrer
Menge nicht massig erscheinen; denn zu indivi-
duell sind die Mauern und Dächer gestaltet, zu
vielfältig abgestuft die Farben der Ziegel, zu
offen die Gesichter der hellen, nach Süden ge-
richteten Fassaden. Umgeben von diesen alten
Häusern, von Buschwerk, Platanenfülle, Blumen-
gewinden und Neckargrün steht der Turm.
Architektonisch kaum mehr als ein Anhängsel an
die hochgeschossigen Bürgerhäuser.
Doch wie eine griechische Landschaft, die sich
objektiv von der Landschaft eines anderen medi-
terranen Landes nicht wesentlich unterscheidet,
eine andere Landschaft wird, wenn man den
Mythos kennt, der ihre Berge, ihre Quellen, ihre
Bäume benennt, der sie mit den Gestalten seiner
Götter-, Heroen- und Menschenwelt belebt, so

wird aus einem Turm, wenn denn Friedrich Hölderlin in ihm gelebt hat, ein anderer, ein außer-
gewöhnlicher Turm.

Im Auditorium Maximum der Neuen Aula, diesem so schönen wie ungeeigneten Raum für
einen stark besuchten Kongreß, herrscht Chaos.
Schon vor Beginn des ersten Hauptvortrags ist
der Saal überfüllt. Und auch später noch klappen
die Türen links und rechts neben der Katheder-
bühne mit dem Herrn Vortragenden und den
Herren Vorsitzenden so häufig und mit so viel
Schwung auf und zu wie der Einlaß zu einer viel-
besuchten Kneipe. Durst nach Wissen treibt hin-
ein, früh erlahmte Geduld wieder hinaus.
Nicht ganz unbegründet, denn immer wieder
gerät der Vortrag ins Stocken. Mit der Projektion
der Bilder will es nicht klappen. Doch dann ist es
gerade diese Herausforderung, die dem Vortragenden zu brillieren Gelegenheit bietet. Den Stoff
hat er selbstverständlich parat. Unerwartet hohe
Ansprüche an sein Reaktionsvermögen stellt in-
dessen die kunterbunte Reihenfolge der Dias, die
zur Ordnung der Fakten im Kopf partout nicht
passen will.

Da möchte der Redner die Systematik der Nervenstörungen bei Diabetikern illustrieren, und auf der Leinwand erscheint eine Stimmgabel. Sie hat durchaus ihren Platz im Vortrag, aber einen anderen: Sie würde gut passen zu Ausführungen über die Diagnostik solcher Störungen. Denn die Prüfung des Vibrationsempfindens – Pallästhesie: Hätte Benn nicht seine Freude an diesem Wort gehabt? – mittels Stimmgabel ist ein sehr sensitiver Test. Doch als der Vortragende auf ihn zu sprechen kommt, zeigt sich auf der Leinwand statt der Stimmgabel ein Bild, das auf Anhieb gar nicht zu erkennen ist. Vielleicht eine auf dem Kopf stehende Stimmgabel? Erst einzelne, dann immer mehr Zuhörer beugen sich tief zur Seite, um zu erfassen, was da auf dem Kopf steht. Da es sich hier nicht um Kunst unseres Malerfürsten Baselitz handelt, vor dessen Bildern der Betrachter seinen Kopf bekanntlich aufrecht zu halten geheißen ist, scheint das Bemühen des Auditoriums nicht von vornherein unangebracht. Aber leider ist es nicht von Erfolg gekrönt. Denn erstens stellt sich heraus, daß das Bild keineswegs eine umgekehrte Stimmgabel zeigt, sondern eine stark schematisierte menschliche Figur, an der zuvor die neuropathischen Störfelder hätten demonstriert werden sollen. Und zweitens ist der Vortragende, der sich inzwischen auch als Meister der seit alters her in der Tübinger Artistenfakultät gelehrten Redekunst erwiesen hat, mit bissigen Kommentaren zur permanenten Dia-Misere und den gymnastischen Übungen seiner Zuhörer längst zu einem anderen Punkt übergegangen.

Und immer wieder Tür auf, Tür zu, dunkelhell-helldunkel. Endlich glaube ich, ebenfalls einen Beitrag zu dem dynamischen Prozeß beisteuern zu müssen, und jage, meinen Platz in der Mitte vorzeitig verlassend, eine lange Reihe überraschend höflich reagierender Kollegen auf. Die Wurmlinger Kapelle lockt zu nachmittäglicher Stunde.

Schwäbisch-adrette Ordnung trifft man an oben auf dem Berg, der die Kapelle trägt. Makellos verputzt ist der einfache Bau; einem figurenbesetzten Schachbrett ähnelt der Kirchhof mit den Reihen der Gräber und ihren einheitlich schlichten Einfassungen aus anthrazitgrauem Naturstein, der sich deutlich abhebt vom gelben Kies der Gehwege. Doch es herrscht hier durch-

aus nicht der erstarrte Gleichschritt eines Solda-
tenfriedhofs. Jeder Grabstein hat seine materielle
und formale Eigenart. Und wachsen die Blumen
auch planvoll angelegt auf Beeten, so ist es doch
eine lebendige Blumenfülle, die mit der Ordnung
der Steine ein schönes Gleichgewicht auf Zeit ein-
gegangen ist.

Eine Stufe unter dem Plateau der Kapelle am
Hang zum Dorf Wurmlingen ein zweiter, ähnlicher Gottesacker. Doch hier ist das ausgewogene
Verhältnis der anorganischen und organischen
Elemente ein wenig verschoben, hin zum ent-
spannt Menschlichen, zum geruhsam Unver-
krampften, zum lässigen Genießen: Inmitten der
friedhöflichen Stein- und Blumenakkuratesse
liegt auf dem Rasen lang ausgestreckt mit gelös-
ten Gliedern ein Mann und weiß nur von der
milden Wärme der Sonne, dem wohligen Gefühl
der entlasteten Gliederschwere, dem kleinen rol-
lenden Widerstand des Grashalms zwischen den
Zähnen, dem Duft der Wacholderbüsche auf dem
benachbarten steilen Nordhang, der nicht mehr
fernen herbstlichen Traubenschwere auf dem
Südhang.

Vielleicht hat er ja nur einen Rausch ausgeschlafen, den er sich in der hübschen Wirtschaft am Fuße des Berges eingefangen hatte. Dort sitzt man an Holztischen unter einem Nußbaum vor Halblitergläsern und weiß nicht so recht, ob die Fachwerkmauern mit dem rankenden Weinlaub oder der üppige Blumengarten nebenan mehr Anteil an dem kleinen Glück haben, das man hier genießt.

Vielstimmig ist das Preislied auf die Wurmlinger Kapelle, ihre Lage und Umgebung, gleichgültig ob der Blick nun von oben nach Süden über die weite Neckarsenke mit ihren Dörfern, Feldern und Wäldchen zur Alb hin geht oder zur anderen Seite über das Ammertal zum Schönbuch, oder ob man von unten, über flache gelbe Felder und am Hang aufwogende Büsche und Rebgärten, zum Kirchlein emporsieht. Ein wenig verloren wirkt es da oben, fast wie vom Versinken bedroht – doch halt! Maritime Metaphern, mögen sie sich auch aufdrängen bei diesem Blick aus der Neckarebene, sollte man sich versagen. Hat doch bereits Nikolaus Lenau zu ihnen gegriffen, auch er beeindruckt von diesem Landschaftsbild, wenn auch in etwas anderer Weise:

*Luftig, wie ein leichter Kahn,*
*Auf des Hügels grüner Welle,*
*Schwebt sie lächelnd himmelan,*
*Dort die friedliche Kapelle.*

Mit genauem Datum bekannt ist ein Spaziergang
der Tübinger Stiftlerfreunde Hölderlin und Hegel
über den Spitzberg zur Wurmlinger Kapelle. Am
Morgen des 16. November 1790 hatte Hölderlin
an seine Schwester geschrieben: »Heute haben
wir großen Markttag. Ich werde, statt mich von
dem Getümmel hinüber- und herüberschieben zu
lassen, einen Spaziergang mit Hegel, der auf meiner Stube ist, auf die Wurmlinger Kapelle machen, wo die berühmte schöne Aussicht ist.« Die
beiden Zwanzigjährigen – Härtling läßt uns in
seinem Hölderlin-Roman an ihren Gesprächen
teilnehmen – reden auf ihrem Weg über Stifts-
genossen und Repetenten, diskutieren über das
Denken, die Metaphysik. (Schwäbisch schwätz-
ten sie. Ob das Schwäbisch des Rauhbauz Hegel
ähnlich klang wie das deftige und respektlose
Idiom der Tübinger Ureinwohner, der Gôgen
und Raupen?)
Vielleicht haben die beiden hier schon, die Sicher-

heit des vertraulichen Gespräches nutzend, in
ersten Ansätzen Gedanken geäußert, die dann
sechs Jahre später in einer – möglicherweise unter Beteiligung Schellings verfaßten – Programm-
schrift fest umrissene Gestalt annahmen. Dieser
nur fragmentarisch erhaltene, geradezu als ver-
wegen zu bezeichnende Text – von Hegel geschrieben, von Hölderlin entscheidend inspiriert
– hat den Titel ›Das älteste Systemprogramm des
deutschen Idealismus‹ erhalten. Hinter dem mo-
deraten Titel verbirgt sich, berücksichtigt man die
damaligen Verhältnisse, hochexplosiver geistiger
Zündstoff:
»Umsturz alles Afterglaubens, Verfolgung des
Priestertums, das neuerdings Vernunft heuchelt,
durch die Vernunft selbst. – Absolute Freiheit aller Geister, die die intellektuelle Welt in sich tra-
gen und weder Gott noch Unsterblichkeit *außer
sich* suchen dürfen… Nimmer der verachtende
Blick, nimmer das blinde Zittern des Volks vor
seinen Weisen und Priestern. Dann erst erwartet
uns *gleiche* Ausbildung *aller* Kräfte, des Einzelnen
sowohl als aller Individuen. Keine Kraft wird
mehr unterdrückt werden. Dann herrscht allge-
meine Freiheit und Gleichheit der Geister! – Ein

höherer Geist, vom Himmel gesandt, muß diese
neue Religion unter uns stiften, sie wird das letzte größte Werk der Menschheit sein.«

Wie ein Schiffsbug ragt der Osttrakt des Evangelischen Stifts über einem auf, wenn man an der
Burse vorbei den Klosterberg hinaufsteigt. Als
Bugfiguren mag man sich das Genie-Trio Hölder-
lin-Hegel-Schelling vorstellen, wie es, in einem
Fenster des zweiten Stocks liegend, den Passanten unten auf dem holprigen Kopfsteinpflaster
auf die Köpfe spuckt. Das taten die drei natürlich
nicht; für solche albernen Streiche waren sich die
älteren Hölderlin und Hegel, aber wohl auch der
erst fünfzehnjährige Wunderknabe Schelling zu
schade. Sie beschäftigten sich mit Provokanterem:
diskutierten, wenn auch nur raunend, über die
verbotenen Philosophen Rousseau und Kant,
machten sich empört Luft über den Zwang, der
im Tübinger Stift, dieser »Galeere der Theologie«,
herrschte.
»Sie sehen, liebste Mamma, meine körperliche
und Seelenumstände sind verstimmt in dieser
Lage; Sie können schließen, daß der immerwäh-
rende Verdruß, die Einschränkung, die ungesun-

de Luft, die schlechte Kost, meinen Körper vielleicht früher entkräftet als in einer freiern Lage.
Sie kennen mein Temperament, das sich, eben
weil es Temperament ist, schlechterdings nicht
verleugnen läßt, wie es so wenig für Mißhand-
lungen, für Druck und Verachtung taugt.« Das
schreibt Hölderlin, nachdem er ein Jahr Stiftsluft
geatmet hat, seiner Mutter. Und kurze Zeit später
beklagt er sich in einem Brief an Freund Neuffer
über »die Verdrüßlichkeiten, die Schikanen, die
Ungerechtigkeiten«, die er leiden mußte.
Müßte er heute auch noch? Über dem Eingang im
Ostflügel des Stifts hängt ein breites blaues
Spruchband mit weißen Tauben und der Auf-
schrift:

Stiftlerinnen und Stiftler gegen Atomwaffen
ATOMWAFFENFREIE ZONE STIFT

Ein Handzettel informiert über die Haltung der
Studierenden zu Massenvernichtungs- und Welt-
raumwaffen, zu Abrüstung, Stationierung von
Atomwaffen, Völkerverständigung und auch
über die Konsequenzen, die sie als Christen, denen es um Versöhnung geht, aus ihren Einsichten

ziehen. Diese decken sich in mancherlei Hinsicht durchaus nicht mit den Auffassungen und Praktiken der politisch Mächtigen.

Immerhin ist heute also öffentlicher Protest mit Zügen der Aufmüpfigkeit gegen die Herrschenden auch Stiftlern möglich; die früher selbstverständliche unheilige Allianz zwischen Kirche und Staatsmacht existiert nicht mehr. Keine Verpflichtung mehr für Schüler, ein Dankgedicht an die Lehrer zu verfassen, in dem »der Kirche und des Staates Wohl« als der »Sorgen Ziel«, als »die schönste Krone« gepriesen wird (so der fünfzehnjährige Hölderlin). Kein Anlaß mehr für Huldigungsgedichte mit der Forderung: Dem Landesherrn »die tätge Hände zu weihen, sei / Des Mannes erster feurigster Trieb« (so der sechzehnjährige Hölderlin anläßlich des Besuches Franziskas von Württemberg, der Frau des rücksichtslos absolutistisch herrschenden Herzogs Carl Eugen).

Das Spruchband am Stift zeigt, daß auch hier einiges in Bewegung gekommen ist: Hölderlin müßte, wenn er in unserer Zeit lebte, das Stiftlerdasein nicht mehr als Galeerenfron ansehen. Oder wäre er heute gar nicht Stiftler, sondern

hätte sich Männer wie Ernst Bloch und Walter
Jens zu seinen akademischen Lehrern auser-
koren?

Übrigens hat Hölderlin den servilen Tönen eini-
ger früher Gedichte bald die Luft entzogen. In
dem Hexametergedicht ›Auf einer Heide geschrieben‹ klingt bereits deutlich die ausgeprägt
antifeudale Gesinnung des Siebzehnjährigen an:

> *... Höflinge! bleibet,*
> *Bleibet immerhin in eurem Wagengerassel,*
> *Bückt euch tief auf den Narrenbühnen der Riesenpaläste.*

Nachts ist in Tübingen noch wirklich Nacht. Ein
wenig überrascht bemerke ich, daß die »Photo-
graphieridylle« der Neckarfront (so preist sie der
Prospekt des Verkehrsvereins) von keinem
Lumière-Spektakel behelligt wird. Finster liegt
das Hölderlinhaus. Nur hier und da ein helles
Fenster, eine durch indirektes Licht schwach be-
leuchtete Mauer in den dunklen Häusermassen,
die sich den Hügel über dem Neckar hinauf-
schichten, bis sie in der Turmspitze der Stiftskirche ihren filigranen Übergang in den Nacht-
himmel finden.

Keine Menschenseele auf der prachtvoll-düsteren
Platanenallee in dieser lauen Nacht. Die linden
Lüfte sind erwacht, säuselt es herüber vom nahen
Uhland-Denkmal. Am Nachmittag hatten sich
hier auf der Neckarinsel noch beschwipste fran-
zösische Rekruten getummelt. Einer ließ, etwas
abgesondert von seinen Kameraden, uns zuge-
kehrt plötzlich die Hose herunter. »Daß ich
immer im entscheidenden Augenblick meine
Brille nicht aufhabe!« kommentierte meine Frau,
als sie erfuhr, warum ich plötzlich meinen Gang
beschleunigte. »Welche Enttäuschung für den
jungen Mann, wenn er das wüßte!«
Steile Stiegen hinauf zum Schloßberg. Die Trep-
pen mit ihren ebenen Zwischenstücken sind so
angelegt, daß ich, ohne die Schrittfolge ändern zu
müssen, abwechselnd mit dem linken und dem
rechten Fuß die nächste Treppenstufe erreiche.
Das gibt, trotz der Anstrengung, ein Gefühl von
Leichtigkeit, von Erleichterung durch den Rhyth-
mus des Gehens. Den Berg auf der anderen Seite
hinunter geht es sich gut auch ohne solche Hil-
fen.
Unvermittelt stehe ich auf dem Marktplatz und
lese auf der Rathauswand:

*Alte Rathäuser brennen gut!*
Rathaus 1435. Oberes Geschoß 1508
*Für ein autonomes Frauenhaus*
Fassadenmalerei 1876

Vermutlich weil die Sgraffito-Malerei von 1876
ein wenig akademisch-nüchtern ausgefallen ist
und, wenn man so sagen darf, Pollocksche Spon-
taneität vermissen läßt, sind die etwas blassen
Fruchtschnüre mit frechen grünen Klecksen garniert worden.
Marktplatz um Null Uhr fünf: Große Kulisse
einer alten deutschen Bürgerstadt. Rathaus, Alte
Apotheke, Haus Pfuderer, Gasthof »Zum Lamm«,
das Uhlandsche Stammhaus, die »Silberburg« –
über die stolzen Fassaden huscht der Schein eines
Feuers, das vor dem Neptunbrunnen brennt. Gi-
tarrenklänge; ein vollbärtiger, langhaariger Mann
spielt Country Music. Greift zur Flasche, greift
wieder in die Saiten, versetzt dem Schäferhund,
der aufgestanden ist, einen beruhigenden Klaps.
Ein paar jüngere Männer stehen um das Feuer,
andere sitzen auf dem Marmorbecken des Brunnens, trinken Dosenbier. Man genießt »die gute
Stube der Stadt«, in die man sich eingeladen hat.

Anspruchslose Gäste; die Getränke hat man selbst mitgebracht, sorgt selbst für Feuerung und sogar für Musik.

Schäferhunde als Begleiter des einsam-heroischen Stadtstreichers auch am Morgen auf dem Holzmarkt zu Füßen der Stiftskirche St. Georg. Das Tageslicht geht nicht mehr so nachsichtig mit den Berbern und ihren unansehnlich zeitgenössischen Attributen um: Bierdosen, Bierdosenbatterien in Plastikhalterung, Bierdosenbatterien in Plastikhalterung in Pappkartons, Pappkartons und Plastikhalterungen ausgestreut über die Stufen, die vom Holzmarkt zur Kirche aufsteigen. Die Sonne zeigt Mann, Hund, Abfall so, daß Hund am wenigsten irritiert. Das waren noch andere Zeiten, als Penner aus Flaschen mit Porzellanverschluß tranken! (Sie können freilich nichts dafür, daß sich das geändert hat.) Lautes Schnarchen an der Langhausmauer; in einem Kompartiment zwischen zwei Strebepfeilern schlafen zwei Berber ihren Rausch aus. Über ihnen im Figurenmaßwerk des Fensters teilt St. Martin seinen Mantel für die Armen. Den werden sie brauchen können, wenn die Nächte wieder kälter werden.

Am 3. Mai 1807 wurde der kranke Hölderlin –
nach heutiger wissenschaftlicher Meinung litt er
wohl an einer mit Sprachverwirrung (Schizo-
phasie) einhergehenden Sonderform der Schizo-
phrenie – vom Schreinermeister Ernst Friedrich
Zimmer zur Pflege in sein Haus mit dem Turm
am Neckar aufgenommen. Zimmer war dem
Dichter, dessen ›Hyperion‹ er bewunderte, im na-
hegelegenen Autenriethschen Klinikum begeg-
net, wo Hölderlin länger als ein halbes Jahr
zwangsweise und erfolglos eine Behandlung
hatte über sich ergehen lassen müssen. Auf Ver-
anlassung seiner Mutter war er, gegen seinen
Willen, von Homburg nach Tübingen gebracht
worden, weil hier – eine Ausnahme in der damaligen Zeit – gelegentlich auch Geisteskranke aufgenommen wurden. Diese erste Tübinger Klinik
war erst wenige Jahre zuvor in der alten Burse
eingerichtet worden, die früher als Pädagogium
für Scholaren der Artistenfakultät – unter ihnen
der spätere Humanist und Theologe Melanch-
thon – gedient hatte.
Nur jeweils wenige Schritte sind es von dem
stattlichen Bau der Burse zu den beiden anderen
Gebäuden, die in Hölderlins Leben eine so

bedeutsame Rolle gespielt haben – flußabwärts der Turm, bergan das Stift. Auf seine Biographie bezogen ein trauriger Abstieg vom Stift über die Burse zum Turm; für heutige Besucher hingegen, ob bergab oder bergauf, ein besonders schönes Stück Wegs durch eine alte Stadt mit der Aura exquisiter deutscher Geistigkeit.

Siebenunddreißig Jahre wohnte Hölderlin in seinem Kompartiment »Rundel« im mittleren Stockwerk des Zimmerschen Hauses. Für alles, worum man sich sorgen konnte, wurde von der Familie des Schreinermeisters gesorgt. In den ersten Jahren sei es noch zu »Anfällen von Raserey und Wuth« gekommen. Einmal habe er sich tagelang im Bett verkrochen, weil man ihm die Stiefel wegnahm, die er für einen überraschenden Marsch nach Frankfurt anziehen wollte. Ansonsten ein Leben in ziemlichem Gleichmaß. Spaziergänge im sogenannten Zwinger vor der Stadtmauer. Essen im Zimmer. Immer wieder Klavierspiel, noch »richtig, aber höchst sonderbar«. Er begleitet Mitglieder der Familie Zimmer in ihren Garten vor der Stadt und in den Weinberg. Gelegentlich kommen Besucher. Gelegentlich schreibt er ein kleines Gedicht, wenn Zimmer

ihm ein Blatt Papier gibt oder ein Brett, oder
wenn ein Besucher ihn bittet.
Es sind schlichte, gereimte Gedichte, durch
Welten getrennt von den Gesängen der früheren
Jahre; viele mit »Scardanelli« unterzeichnet, viele
den Jahreszeiten gewidmet:

*Das Feld ist kahl, auf ferner Höhe glänzet*
*Der blaue Himmel nur, und wie die Pfade gehen,*
*Erscheinet die Natur, als Einerlei, das Wehen*
*Ist frisch, und die Natur von Helle nur umkränzet.*

*Der Erde Stund ist sichtbar von dem Himmel*
*Den ganzen Tag, in heller Nacht umgeben,*
*Wenn hoch erscheint von Sternen das Gewimmel,*
*Und geistiger das weit gedehnte Leben.*

»Des isch overschämt«, ereifert sich die nette
Frau im Hölderlinhaus. Sie meint den Preis von
zehn Mark, für den ich gerade oben in der Stadt
das Heft ›Hölderlin in Tübingen‹ erstanden habe,
während es hier nur fünf Mark kostet. »Bringet
Ses schnell zrick und lasset Se sich 's Geld zrick-
gäbe!«
Im Erdgeschoß der »lange Gang«, den Hölderlin

»alle Tage mit gewaltigen Schritten« auf und ab
gestürmt ist. Das notierte der junge Dichter Wilhelm Waiblinger nach seinem ersten Besuch im
Turm in sein Tagebuch. »Wir stiegen eine Treppe
hinauf... Eine offene Thüre zeigte uns ein kleines,
geweißnetes amphitheatralisches Zimmer, ohne
allen gewöhnlichen Schmuck, worin ein Mann
stand, der seine Hände in den nur bis zu den
Hüften reichenden Hosen stecken hatte und
unaufhörlich vor uns Complimente machte.«
Waiblinger war mit seinem 1831 erschienenen
Buch ›Friedrich Hölderlins Leben, Dichtung und
Wahnsinn‹ der erste Biograph Hölderlins. Fast so,
wie von ihm beschrieben, findet man heute die
Räume wieder vor, nachdem – nach der Wieder-
herstellung des 1875 ausgebrannten Turmes –
annähernd einhundert Jahre lang ein mit dem
angeblichen Inventar Hölderlins ausgestattetes
Turmzimmer im Erdgeschoß den Besuchern als
des wahnsinnigen Dichters Klause vorgeführt
worden war.
Ein weißes Zimmer, Holzfußboden, drei Fenster,
zwei Stühle, Drucke von vier späten Jahreszeit-
Gedichten an den Wänden. Beinahe leer, hat der
Raum Platz für anderes, mit dem er so voll, so

immer neu anfüllbar ist. Das hängt vom Besucher ab, von seiner Bereitschaft, sich dieser singulären Person Hölderlin mit ihrer abstrusen Biographie zu öffnen und sich dem ungeheuren Anspruch dieser Sprache auszusetzen.

Blick durch das Oval, das die wilden Weinranken vor dem Fenster gelassen haben, auf die Eberhardsbrücke und auf den Fluß mit den Stocherkähnen wie aus einer vergangenen Zeit. Die anderen Fenster öffnen sich nicht mehr auf die Landschaft, das Tal der Steinlach, die Höhen des Rammerts und der Alb. Da haben die Platanen, die man auf der Neckarinsel ansiedelte, einen grünen Riegel vorgeschoben. Ein Teil der späten Gedichte war wohl, wie schon Waiblinger vermutet hat, von diesen Ausblicken angeregt; »so mahlte er in einem Vers auf eine homerisch anschauliche Weise, wie die Schaafe über einen Steg wandern«.

So bleibt der Blick des Besuchers innen in dem »Zimmerchen, auf das er die ganze Welt reduziert hat«, und versucht in diesem Zimmerchen sich der Gestalt zu nähern, die bis heute herausfordert, weil sie heute so unzeitgemäß ist wie damals. Die über der Zeit steht, wenn auch

selbstverständlich geprägt von ihrer Zeit. Was
tut's zur Sache, ob der Fritz Hölderlin »ed fär-
rughd gwäh isch« (so ein jugendlich-apodik-
tisches Sgraffito an der Mauer des Turms) oder
doch. Es gibt die Werke bis 1806. Und es gibt die
späteren Gedichte, wie das für den Menschen-
freund Zimmer auf ein Brett geschriebene:

*Die Linien des Lebens sind verschieden,*
*Wie Wege sind, und wie der Berge Grenzen.*
*Was hier wir sind, kann dort ein Gott ergänzen*
*Mit Harmonien und ewigem Lohn und Frieden.*

Oder jenes Gedicht, das mit dem berühmten
Komma endet, nachdem die allgegenwärtige,
aber nicht genannte Diotima ihren Geliebten
noch einmal Geliebten genannt hat, bevor die
Stimme abbricht:

*Du seiest so allein in der schönen Welt,*
  *Behauptest du mir immer, Geliebter! das*
    *Weißt aber du nicht,*

Das Echo auf Geheimnis ist Geheimnis. Paul
Celans Gedicht ›Tübingen, Jänner‹ endet mit dem

von Hölderlin gesprächsweise mehrfach be-
nutzten, dunklen griechischen Wort »Pallaksch,
Pallaksch«.

»Abends um 8 Uhr bekam er Beengungen, und
sah immer zum Fenster hinaus; ich verordnete
ihm eine auflösende Arznei, u. befahl einen Wär-
ter, ihn zu besorgen, allein die Beklemmung
nahm zu, u. vor 11 Uhr starb er nach kurzem u.
leichtem Todeskampf. Ich hielt es um seiner
Freunde willen für sehr wichtig, seine Leiche zu
öffnen... Das Gehirn war sehr vollkommen u.
schön gebaut, auch ganz gesund.« Das schreibt
Professor Gmelin einige Tage nach Hölderlins
Tod an den Stiefbruder Karl Gok.

Seine letzte Ruhestätte fand der Mann mit diesem
so sehr vollkommen u. schön gebauten Gehirn,
das eine so sehr vollkommen u. schön gebaute
Sprache hervorbrachte, auf dem alten Tübinger
Stadtfriedhof. Ein Friedhof mit privatem Charakter. Buchshecken bilden freundliche Gemache für
die Gräber, die sich in ihrer maßvollen Art nicht
über das Maß der Stadt erheben. Keine Jahr-
marktseitelkeiten von Verstorbenen oder Hinter-
bliebenen. Das alles ist weit entfernt von der
grandiosen Totenstadt eines Père-Lachaise mit

seinen Boulevards, seinen Nebenstraßen, seinen
verschwiegenen Wegen, der Zelebrität und Inter-
nationalität seiner Toten, der üppigen Vielfalt seiner Gräber. Nein, hier sind die Tübinger Bürger –
durchaus eine Reihe mit Namen von Rang –
unter sich. Auf einem Grab findet man die heut-
zutage geradezu provozierende Angabe »Priva-
tier«. Diesen Luxus erlaubte sich, Potenzierung
der Provokation, ein Mann namens Wilhelm Mül-
ler.

Gleich neben der Friedhofsmauer an der ver-
kehrsreichen Gmelinstraße liegt die schlichte
Grabstätte Friedrich Hölderlins. Auf Distanz zu
anderen Gräbern. Da ist nicht das vertraut Nach-
barschaftliche wie bei den Uhlands, Sprangers,
Dehios, Haerings. Ein Einzelgrab, umfriedet von
einer Hecke. Unter einem etwas unansehnlichen,
wie gerupft erscheinenden Bäumchen. Zufall?
Oder: Wie im Leben so im Tode?

»Dem Andenken seines theuren Bruders von Carl
F. v. Gok« steht auf einer Seite des Grabsteins.
Meinte der Stiefbruder auch die Ausgaben für
den Grabstein? Man weiß ja: Nach dem Tode der
Mutter hatten er und Hölderlins Schwester
Heinrike dem Fritz im Turm das Erbe streitig ge-

macht. Der gute Zimmer konnte es nicht fassen. Und auch die letzte Ehre erwiesen die beiden Geschwister dem »theuren« Bruder nicht. Ihre Trauer um ihn, in der »Schwäbischen Chronik« vom 12. Juni 1843 in glatter, konventioneller Sprache angezeigt, wird sich in Grenzen gehalten haben. Die Honoratioren der Stadt fehlten beim Begräbnis ebenfalls.

Aber in Scharen folgten Studenten dem Sarg. Aus ihrer Mitte kamen herzliche, bewegende Worte, als Grabrede, in Nachrufen und Briefen. Sie hatten begriffen oder jedenfalls geahnt, wer da am 7. Juni 1843 gestorben war.

# Lebensdaten

1770   20. März: Johann Christian Friedrich
       Hölderlin wird als Sohn des Klosterhof-
       verwalters Heinrich Friedrich Hölderlin
       und seiner Frau Johanna Christiana in
       Lauffen am Neckar geboren.
1772   Der Vater stirbt im Alter von 36 Jahren.
       Geburt der Schwester Heinrike. Das Erbe
       des Vaters wird zwischen der Mutter und
       den Kindern aufgeteilt; die Mutter ver-
       waltet Hölderlins Anteil zeitlebens weiter.
1774   Die Mutter heiratet Johann Christoph
       Go(c)k, einen Freund des Vaters, und zieht
       mit den Kindern zu ihm nach Nürtingen.
       Gok betreibt dort einen Weinhandel und
       eine Landwirtschaft. 1776 wird er Bürger-
       meister.
1776   Hölderlin kommt auf die Schule. Geburt
       des Stiefbruders Karl Christoph Friedrich
       Gok.

1779 Früher Tod des Stiefvaters.

1780 Hölderlin beginnt mit Klavierunterricht.

1781 Zusätzlich zum Unterricht auf der Lateinschule erhält Hölderlin Privatstunden zur
Vorbereitung auf das Landexamen. Dieses
ist Voraussetzung für die Aufnahme in die
Klosterschule. Nach dem Willen der Mutter soll er Pfarrer werden.

1784 Eintritt in die niedere Klosterschule Denkendorf. Hölderlin verpflichtet sich, Theologe zu werden.

1785 Schelling kommt auf die Lateinschule in
Nürtingen, besucht danach die niedere
Klosterschule in Bebenhausen.

1786 Hölderlin wechselt auf die höhere Klosterschule Maulbronn. Er verliebt sich in
Louise Nast, die Tochter des Kloster-
verwalters; die Verlobung wird nach dem
Eintritt ins Tübinger Stift gelöst. Aus-
gedehnte Lektüre; erste Verse entstehen,
· werden im ›Marbacher Quartheft‹
gesammelt. Beim Besuch des Herzogs
Carl Eugen in Maulbronn trägt Hölderlin
ein Huldigungsgedicht an die Herzogin
Franziska vor.

1787   Bekanntschaft und enge Freundschaft mit
       Louisens Vetter Immanuel Nast.

1788   Reise in die Pfalz; erstes Rhein-Erlebnis.
       Im Oktober Aufnahme des Studiums im
       Tübinger Stift. Zur gleichen Zeit kommt
       Hegel vom Stuttgarter Gymnasium aus
       ins Stift. Beginn der Freundschaft zwischen
       Hölderlin und den Stiftlern Ludwig Neuf-
       fer und Rudolf Magenau.

1789   In Stuttgart Begegnung mit Schubart und
       Gotthold Friedrich Stäudlin, der 1791 in
       seinem ›Musenalmanach‹ erstmals vier
       Gedichte von Hölderlin druckt.

1790   Hölderlin gründet mit Neuffer und Mage-
       nau einen Dichterbund. Er beschäftigt sich
       im besonderen mit Philosophie. Liebes-
       beziehung zu Elise Lebret, der Tochter des
       Universitätskanzlers. Im September legt er
       das Magisterexamen ab.
       Schelling wird als Fünfzehnjähriger ins
       Stift aufgenommen.

1791   Neuffer und Magenau verlassen das Stift.

1793   Im Juni Abschlußexamen am Stift.
       Bekanntschaft mit Friedrich Matthison.
       Hölderlin besucht Schiller in Ludwigsburg.

1793  Im Dezember Konsistorialexamen und
      Probepredigt in Stuttgart.
      Auf Empfehlung Schillers erhält Hölderlin
      eine Hofmeisterstelle in Waltershausen.
1794  Tätigkeit als Erzieher im Hause von Kalb.
      Arbeit am ›Hyperion‹. Umzug nach Jena.
      Hölderlin besucht Vorlesungen von Fichte,
      lernt Goethe und Herder kennen.
1795  Wegen Schwierigkeiten mit seinem Zög-
      ling wird im Januar das Arbeitsverhältnis
      gelöst. Ende Mai Flucht aus Jena, Rückkehr
      zur Mutter nach Nürtingen.
1796  Neue Hauslehrerstelle bei der Bankiers-
      familie Gontard in Frankfurt. Hölderlin
      verliebt sich in die Hausherrin, Susette
      Gontard.
1798  Nach einem Zusammenstoß mit dem
      Hausherrn verläßt Hölderlin die Familie
      Gontard. Um in der Nähe von Susette zu
      bleiben, zieht er nach Homburg, wo sich
      sein Freund, der junge Diplomat Isaac
      von Sinclair, seiner annimmt. Arbeit am
      ›Empedokles‹.
1799  Besuch des Freundes Casimir Ulrich Böh-
      lendorff in Homburg.

1800  Hölderlin kehrt in die Heimat zurück,
      lebt im Sommer und Herbst bei Freunden
      in Stuttgart.

1801  Nach dem Scheitern einer neuen Tätigkeit
      als Hauslehrer in Hauptwil bei St. Gallen
      begibt sich Hölderlin wieder zur Mutter
      nach Nürtingen. Die großen Elegien und
      Hymnen entstehen.

1802  Nach einer gefährlichen Fußreise durch die
      Haute Auvergne tritt Hölderlin im Januar
      eine Hofmeisterstelle in Bordeaux an.
      Schon einige Monate später muß er sie
      wieder aufgeben. Im Juni trifft er in geistig
      zerrütteter Verfassung in Nürtingen ein.
      Ende Juni stirbt Susette Gontard in Frank-
      furt. Hölderlin bleibt bei der Mutter, lebt
      nahzu isoliert von der Außenwelt.

1803  Besuch bei Schelling und seiner Frau Caro-
      line in Murrhardt. Dieser äußert sich er-
      schrocken über den Zustand des Freundes.

1804  Im Juni holt Sinclair den kranken Hölder-
      lin nach Homburg und verschafft ihm eine
      Proforma-Anstellung als Hofbibliothekar.

1805  Verhaftung Sinclairs wegen revolutionärer
      Umtriebe. Aber der Hochverratsprozeß

erbringt keine Beweise gegen ihn; er wird freigelassen.

1806 Sinclair bittet Hölderlins Mutter, ihren Sohn wegen seines Gesundheitszustands in Homburg abzuholen, und empfiehlt die Aufnahme in eine Heilanstalt. Hölderlin wird gegen seinen erbitterten Widerstand in die Klinik nach Tübingen gebracht.

1807 Nach 231 Tagen bricht Hölderlins Arzt Johann Ferdinand von Autenrieth die Beobachtung und Behandlung des Patienten ab. Hölderlin wird dem Schreinermeister Ernst Zimmer zur weiteren Pflege übergeben. In dessen Haus bleibt er bis zu seinem Tode.

1826 Gustav Schwab, Ludwig Uhland und Justinus Kerner sammeln Hölderlins Gedichte zu einer ersten Ausgabe.

1828 Tod der Mutter in Nürtingen.

1831 Wilhelm Waiblinger veröffentlicht die erste Biographie.

1838 Tod Ernst Zimmers. Seine Tochter Lotte übernimmt die Betreuung Hölderlins.

1843 7. Juni: Hölderlin stirbt nach einer leichten Erkältung.

Wolfgang Geisthövel, 1940 in Frankfurt am Main geboren, ist internistischer Chefarzt eines Kölner Krankenhauses. Seit früher Jugend unternahm er zahlreiche Reisen, die in drei umfangreichen, kulturgeschichtlich akzentuierten Büchern ihren Niederschlag fanden: ›Reisen in Nordafrika‹ (Econ, 1974), ›Reisen in Lateinamerika‹ (Econ, 1978), ›Zwischen Ahnenkult und Video. Reisen durch Südostasien‹ (Keil, 1986). In den letzten Jahren entstand, mit ›Hölderlins Schwaben‹ als Auftakt, eine Reihe von ›LiteraTouren‹: am Schreibtisch unternommen, ausgerüstet mit dem Material, das auf den vorausgegangenen Reisen, mit den Büchern der erwählten Autoren unterm Arm, gesammelt wurde.